# Kinder kochen

## mit Obst und Gemüse

# Kinder kochen

## mit Obst und Gemüse

EDITION XXL

Immer wieder fragen sich Eltern: Ist das alles auch, gesund, was meine Kinder essen?

Es ist wirklich schwer, eine solche Frage zu beantworten. Der Hamburger, die Pommes, die Cornflakes und der Früchtejogurt — das ist einfach nicht vielfältig genug. Unsere Kinder brauchen jedoch eine abwechslungsreiche Ernährung. Was nützt es, wenn unsere Kinder vor Kraft strotzen, weil sie nur Power essen, aber alles andere, wichtige Vitamine und Mineralstoffe, fehlen. Falsche Ernährung macht sich erst viel später bemerkbar und ist dann schwer zu beheben.

Was ist gesünder als Obst und Gemüse? Ganz gleich, ob roh, gekocht oder als Saft — es enthält alles, was wir zu einem gesunden Leben brauchen. Fünf am Tag ist die Devise, fünfmal am Tag Obst und Gemüse essen oder trinken. Nicht die Menge macht es, sondern die Vielfalt von Obst und Gemüse. Es ist auch nicht immer leicht, die gesunde Nahrung an das Kind zu bringen.

Greifen wir doch zu kleinen Tricks, binden wir unsere Kinder ein, lassen wir sie mit aussuchen, was sie essen wollen. Dann bei der Zubereitung: Lassen Sie Ihr Kind selbst Hand anlegen, helfen Sie nur, wo es nötig ist. Selbst zubereitete Speisen schmecken um ein Vielfaches besser. Wenn sie dann auch noch optisch gut aussehen, dann werden sie bestimmt gegessen. Lassen Sie sich und Ihre Kinder von dem Buch inspirieren. Suchen Sie immer wieder neue Ideen aus dem Buch und leben Sie es Ihren Kindern vor: Trinken auch Sie Obst- und Gemüsesäfte. Ein Brot mit Wurst oder Käse schmeckt erst mit Obst oder Gemüse darauf richtig gut.

G. Poggenpohl

# Ratgeber

## Obst

Es enthält viele Vitamine, Mineralstoffe und Spurenelemente. Obst kann roh und gekocht gegessen werden. Gut verdaulich und wertvoll sind frisch gepresste Obstsäfte. Mit Mineralwasser verdünnt löschen sie jeden Kinderdurst. Sie können aber auch die Obstsäfte mit Milch, Jogurt, Buttermilch oder Molke vermischen und haben so ein noch ausgewogeneres Getränk. Auch sollten Sie den Früchtejogurt Ihres Kindes immer selber machen: Einfach verschiedene Früchte in den Jogurt einrühren und schon ist er fertig.
Obst können Sie auf Vorrat kaufen, Sie sollten es aber kühl und dunkel lagern.

## Gemüse

Die gesündeste Nahrung für uns Menschen: Gemüse enthält alles, was wir zum Leben brauchen. Gemüse sollte jedoch nur in geringen Mengen roh gegessen werden, Sie müssen es ja nicht unbedingt totkochen, es kann ruhig noch Biss haben. Gemüse sollten Sie immer frisch verwenden und es nicht zu lange lagern. Auch Gemüsesäfte sind sehr zu empfehlen und schmecken herzhaft oder mit Mineralwasser verdünnt gut. Gemüsesäfte können Sie mit einem guten Entsafter leicht selbst herstellen.
Der große Vorteil ist, dass Sie den Saft immer frisch zubereiten können und somit auch wissen, welches Gemüse Sie verwenden.

### Der Einkauf

Das Beste für jede gute Küche sind vor allem frische Zutaten. Heute haben Sie alle Möglichkeiten, sich und Ihre Kinder vielfältig und gesund zu ernähren.

Denn eine gesunde, natürliche Nahrung ist wichtig für die Leistungsfähigkeit und das ist wiederum wichtig für die Schule. Vertrauen Sie nicht zu sehr auf Fertigprodukte: Diese enthalten nicht immer das, was Ihnen die Verpackung verspricht. Machen Sie doch Ihr Müsli oder den Jogurt mit frischem Obst selber. Nur dann wissen Sie, was Ihre Kinder wirklich essen.

### Abwechslungsreiche und natürliche Nahrung

Je abwechslungsreicher und natürlicher die Ernährung ist, desto fitter und leistungsfähiger ist Ihr Kind.

Achten Sie darauf, dass Sie Obst und Gemüse aus Ihrer Region und entsprechend der Jahreszeit kaufen. Erdbeeren im Winter besitzen kaum Vitamine! Essen Sie nicht nur einseitig: Nüsse oder Kerne sind eine gute Alternative zu Knabbergebäck, das außer Kalorien nicht viel enthält. Wichtig ist auch, dass sich Ihr Kind im Laufe eines Monats abwechslungsreich und vielfältig ernährt und nicht immer das Gleiche isst. Es gibt so viele verschiedene Obst- und Gemüsesorten: Nutzen Sie diese Vielfalt!

# Ratgeber

### Der Obst- und Gemüse-einkauf

Kaufen Sie Obst und Gemüse bewusst ein. Betrachten Sie es genau: Ist es schon älter oder wurde es schlecht gelagert? Fragen Sie sich — gerade bei Obst und Gemüse —, ob das Angebot der Jahreszeit entspricht und wo es herkommt.

Bedenken Sie, wie lange z. B. Fenchel aus Südafrika braucht, bis man ihn bei uns kaufen kann. Es gibt Untersuchungen, dass Fenchel schon drei Tage nach der Ernte nur mehr 50 % des ursprünglichen Vitamin C enthält.

Deshalb ist es wichtig, frisches Gemüse einzukaufen. Achten Sie beim Kauf von Gemüse darauf, wo es angebaut wird. Während der Obst- und Gemüsesaison bieten Wochenmärkte und Fachgeschäfte in Ihrer Region gute heimische Ware an.

Schauen Sie auf die Schnittfläche des Salates oder des Gemüses. Wenn diese Fläche braun und faulig oder trocken ist, lassen Sie lieber die Finger davon. Je frischer die Ware ist, die Sie einkaufen, umso gesünder ist sie. Meiden Sie auch Salate und Gemüse, die in Plastikfolie eingepackt sind. Besonders die „frischen" klein geschnittenen Salate und Gemüse sind meist mit Bakterien und Pilzen belastet, sodass sie ein nicht unbeträchtliches Gesundheitsrisiko darstellen. Denn die Folie begünstigt das Wachstum von schädlichen Mikroorganismen und Pilzen.

## Abkürzungen und Erklärungen

TK = Tiefkühlkost
g =   Gramm
1 ml = 1 Milliliter = 1 g
1 EL = 1 Esslöffel = 15 ml = 15 g
1 TL = 1 Teelöffel = 5 ml = 5 g
1 l = 1 Liter = 1 000 ml = 1 kg = 1 000 g
Köcheln = wenn das Wasser im Topf leicht aufwallt
Kühlregal = Produkte, die im frischen Zustand gekauft werden können.

# Erdbeermilch

## Zubereitung:

**1.** Wasche die Erdbeeren gründlich und schneide die grünen Stielansätze mit einem Messer ab.

**2.** Lege vier schöne Erdbeeren auf die Seite, du brauchst sie später zur Verzierung.

**3.** Gib die Erdbeeren in eine hohe Schüssel, streue den Vanillezucker darüber und gieße die Milch dazu.

**4.** Mit einem Pürierstab zerkleinerst du alles.

**5.** Jetzt verteilst du die Erdbeermilch auf vier hohe Gläser und verzierst sie mit je einer Erdbeere.

## Zutaten:
### (für 4 Personen)

1 Liter Milch
250 g Erdbeeren
2 EL Vanillezucker

# Johannisbeeren mit Jogurt

## Zutaten:
(für 4 Personen)

250 g Johannisbeeren
1 Liter Jogurt
2 EL Vanillezucker

## Zubereitung:

**1.** Wasche die Johannisbeeren und zupfe sie von den Stielen. Hebe vier Rispen zum Verzieren auf.

**2.** Gib die Johannisbeeren in einen Mixer, schütte den Jogurt und den Vanillezucker dazu und püriere alles.

**3.** Dann verteilst du das Ganze auf vier Gläser.

# Murmelbowle

### Zubereitung:

**1.** Halbiere die Orangen und die Zitronen und presse den Saft aus.

**2.** Den ausgepressten Saft gibst du mit dem Mineralwasser in einen großen Krug.

**3.** Gib die Himbeeren und die Heidelbeeren in ein Sieb und brause sie mit Wasser ab.

**4.** Jetzt halbierst du die Honigmelone und entfernst mit einem Löffel die Kerne. Mit einem Teelöffel stichst du kleine Kugeln aus dem Fruchtfleisch der Melone.

**5.** Gibt die Früchte zu dem Saft, rühre um und probiere, ob es süß genug ist. Wenn du willst, kannst du die Bowle auch noch mit etwas Traubenzucker nachsüßen.

### Zutaten:
(für 4 Personen)

8 Orangen
2 Zitronen
1/2 l Mineralwasser
50 g Himbeeren
1/2 Honigmelone
50 g Heidelbeeren
Traubenzucker

16

# Birnentraum

## Zutaten:
(für 4 Personen)

1 l Molke
250 g Birnen
1 TL Zimt
1 EL Zucker

## Zubereitung:

**1.** Schäle die Birnen, halbiere sie, entferne das Kerngehäuse und schneide die Birnen in Würfel.

**2.** Gib die Birnenstücke, die Molke, den Zucker und den Zimt in eine hohe Schüssel und püriere das Ganze.

**3.** Fülle alles in hohe Gläser.

# Kressebrot

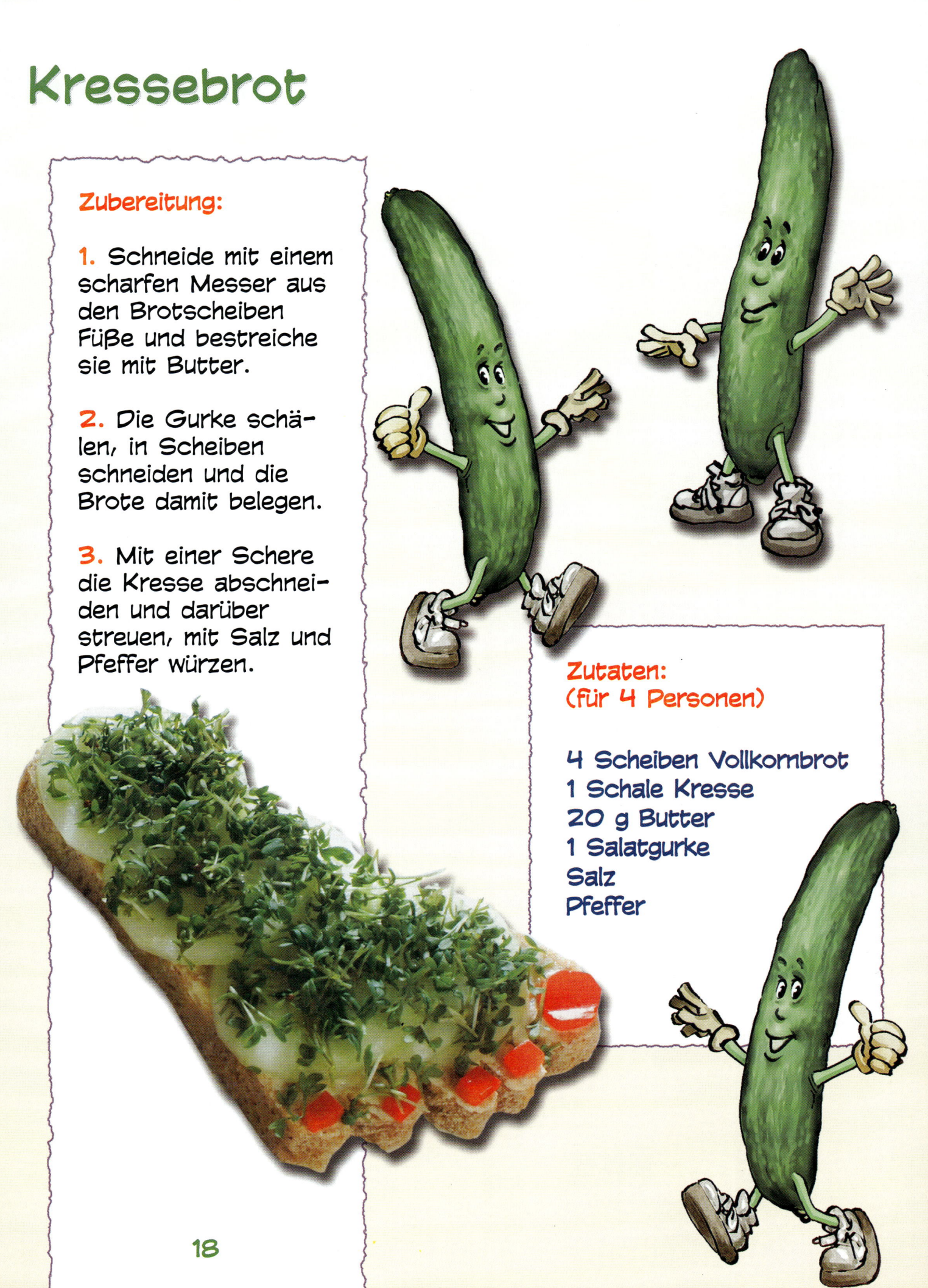

**Zubereitung:**

**1.** Schneide mit einem scharfen Messer aus den Brotscheiben Füße und bestreiche sie mit Butter.

**2.** Die Gurke schälen, in Scheiben schneiden und die Brote damit belegen.

**3.** Mit einer Schere die Kresse abschneiden und darüber streuen, mit Salz und Pfeffer würzen.

**Zutaten:**
**(für 4 Personen)**

4 Scheiben Vollkornbrot
1 Schale Kresse
20 g Butter
1 Salatgurke
Salz
Pfeffer

18

# Vierfache Kombination

## Zutaten:
### (für 4 Personen)

1 Packung Cräcker
150 g cremiger
Schmelzkäse
1 Kiwi
einige blaue und grüne
Trauben
1 Orange oder
Mandarine
einige Erdbeeren
gehackte Pistazien,
Korinthen, Johannis-
beeren, Melisse,
Orangenschale zum
Garnieren

## Zubereitung:

Die Kräcker mit
Schmelzkäse bestreichen
und abwechslungsreich
mit Früchten belegen.

**1.** Kräcker mit Kiwischeibe belegen, Schmelzkäse
auftragen, mit gehackten
Pistazien, Johannisbee-
ren und Orangenschale
garnieren.

**2.** Kräcker mit Schmelzkäse bestreichen, mit in
Scheiben geschnittenen
Trauben belegen, noch-
mals etwas Schmelzkäse
darauf geben und mit
Melisse garnieren.

**3.** Kräcker dick mit
Schmelzkäse bestrei-
chen, mit Orangen- oder
Mandarinenfilets belegen,
mit Korinthen garnieren.

**4.** Kräcker mit frischen,
halbierten Erdbeeren
belegen, Schmelzkäse
darüber geben, mit
gehackten Pistazien
überstreuen.

# Mondgesicht

**Zubereitung:**

**1.** Aus einer Brot-
scheibe ein Mondge-
sicht ausschneiden
und mit Schmelzkäse
bestreichen.

**2.** Mit halbierten
Käseecken, Tomaten-
scheiben und ausge-
stochenen gelben
Paprikastücken
belegen.

**3.** Zum Schluss mit
Schnittlauchröllchen
bestreuen.

**Zutaten:**
**(für 1 Person)**

1 gelbe Paprikaschote
1 Tomate
1 Brotscheibe
2 Schmelzkäseecken
1 Bund Schnittlauch

# Partyspieße mit Schmelzkäse

**Zutaten:**
**(für 4 Personen)**

2 Karotten
12 Partywürstchen
1/4 gelbe Paprikaschote
1/4 grüne Paprikaschote
1/4 rote Paprikaschote
3 Schmelzkäseecken
1/2 Bund Petersilie

**Zubereitung:**

1. Karotten in Scheiben und Paprikaschoten in mundgerechte Stücke schneiden.

2. Die Karottenscheiben, Partywürstchen und Paprikastücke abwechselnd auf Grillspieße aufspießen.

3. Die Würstchen einritzen und die Spieße einige Minuten grillen.

4. Anschließend die Würstchen mit Schmelzkäse füllen.

5. Mit fein geschnittener Petersilie bestreuen.

# Melone mit Schinken

**Zubereitung:**

**1.** Halbiere die Melone und entferne die Kerne.

**2.** Schneide eine Hälfte der Melone in Spalten, entferne die Schale und schneide das Fruchtfleisch in Würfel. Aus der anderen Hälfte stichst du Kugeln aus.

**3.** Die Melonenwürfel umwickelst du mit dem Schinken und bindest sie mit einem Schnittlauchhalm zusammen.

**Zutaten:**
**(für 4 Personen)**

1 Netzmelone
200 g roher Schinken
1 Bund Schnittlauch

# Olympic Snack

## Zutaten:
(für 1 Person)

1 Scheibe Vollkornbrot
25 g Schmelzkäse
1 Kiwi
1/2 kleine Banane
2-3 Haselnüsse

## Zubereitung:

**1.** Das Vollkornbrot mit Schmelzkäse bestreichen.

**2.** Banane und Kiwi schälen und in Scheiben schneiden.

**3.** Haselnüsse grob hacken.

**4.** Das Brot mit den Obstscheiben belegen und mit den Nussstückchen bestreuen.

Dazu Kneipp Wellnesstee „Sunrise Energy" trinken.

# Camemburger

**Zubereitung:**

**1.** Camemberthälften der Länge nach teilen. Gemüse waschen. Tomaten und Gurke in dünne Scheiben schneiden.

**2.** Die Sesambrötchen aufschneiden und jeweils die untere Brötchenhälfte mit einem Salatblatt belegen.

**3.** Darauf die Camembert-, Tomaten- und Gurkenscheiben zusammen mit weiteren Salatblättern anordnen.

**4.** Mit gehackter Petersilie bestreuen und mit Pfeffer würzen.

**Zutaten:**
**(für 4 Personen)**

2 Päckchen Camembert
(à 125 g)
2 Tomaten
1/2 Salatgurke
4 Sesambrötchen
einige Salatblätter
Petersilie
Pfeffer

# Fruchtspieße

## Zutaten:
### (für 4 Personen)

250 g Camembert
2 Feigen
1 Pfirsich
2 Kiwis
2 Scheiben Ananas
1 Karambole
1 Orange
4 Erdbeeren
8 Scheiben Baguette

## Zubereitung:

1. Die Camembert-hälften durchschnei-den.

2. Obst waschen. Kiwis schälen.

3. Feigen, Pfirsich, Kiwis und Ananas-scheiben in Hälften schneiden.

4. Karambole in Scheiben schneiden. Orange achteln.

5. Das Obst in bun-ter Reihenfolge zusammen mit dem Camembert aufspie-ßen.

Dazu passt Weiß-brot.

25

# Hits for Kids

### Zubereitung:

Das schmeckt, macht Spaß und ist obendrein noch gesund — knackiges, vitaminreiches Gemüse und leckerer Käse, mit Jogurt verfeinert.

**1.** Das Gemüse putzen und waschen.

**2.** Die Gurke in Scheiben, die Paprikaschoten in Streifen schneiden.

**3.** Die beiden Käsesorten jeweils mit 100 g Jogurt glatt rühren und mit dem Gemüse zum Dippen auf vier Tellern anrichten.

### Zutaten:
### (für 4 Personen)

1 Bund Möhren
1 Bund Radieschen
1 Salatgurke
1 grüne Paprikaschote
1 gelbe Paprikaschote
100 g Sahne-Schmelzkäse
100 g Schmelzkäse-Relish
200 g Jogurt

# Doppeldecker

## Zutaten:
### (für 4 Personen)

1 Packung Pumpernickel
3 Schmelzkäseecken
verschiedene Früchte
und Gemüse

## Zubereitung:

**1.** Den Pumpernickel in kleine Dreiecke schneiden oder mit Plätzchenformen ausstechen.

**2.** Dick mit Schmelzkäse bestreichen und aufeinander türmen.

**3.** Mit Früchten wie Banane, Kiwi, Nektarine, Mandarine, Cocktailkirsche oder pikant mit Cornichons, Maiskölbchen, Partytomaten, Radieschen usw. belegen.

# Käse-Ufos

## Zubereitung:

**1.** Toastbrotscheiben in kleine Dreiecke schneiden bzw. mit Plätzchenformen sternförmig ausstechen.

**2.** Buttern oder mit Schmelzkäse bestreichen.

**3.** Je nach Geschmack mit Radieschenscheiben, Gurken- und Salamischeiben belegen.

**4.** Mit halbierten Schmelzkäse-Ecken belegen, mit Schnittlauch oder Maiskörnern dekorieren.

Tipp: Statt Radieschen- oder Gurkenscheiben können auch Tomaten-, Zucchini- oder Möhrenscheiben verwendet werden. Neben Salami passt auch Schinken gut zu den Käse-Ufos. Wer's gerne fruchtig mag, kann als Belag auch Ananasstücke, Bananenscheiben oder Mandarinenspalten verwenden.

## Zutaten:
### (für 1 Person)

2 Scheiben Toastbrot
etwas Butter oder
2 Schmelzkäseecken
2 Radieschen
1 Stück Salatgurke
3-4 Salamischeiben
etwas Mais aus der Dose
etwas Schnittlauch

# Käsetaler

**Zutaten:**
(für 1 Person)

2 Brotscheiben
2 Schmelzkäseecken
1 Stück Salatgurke
1 Stück gelbe Paprika-
schote
1 Tomate
1/2 Bund Schnittlauch

**Zubereitung:**

1. Die Brotscheiben mit Plätzchenformen ausstechen. Mit Schmelzkäse bestreichen.

2. Wahlweise mit fein gestiftelter Salatgurke und gelber Paprikaschote oder mit Tomatenscheiben belegen.

3. Aus Schmelzkäse verschiedene Formen ausstechen, auf die Brote legen und mit Schnittlauchröllchen bestreuen.

# Mc-Slow-Genussburger

## Zubereitung:

**1.** Eine Pumpernickelscheibe mit etwas Schmelzkäse bestreichen.

**2.** Mit gelber Paprikaschote, einem Kräcker und einem halbierten Käsestück belegen.

**3.** Die nächste Pumpernickelscheibe darauf geben, mit Schmelzkäse bestreichen.

**4.** Abwechselnd mit Gurkenscheiben, Käse, Tomatenscheiben, Eischeiben, Pumpernickel usw. belegen.

**5.** Zum Schluss auf jeden Genussburger eine „Radieschen-Maus" setzen.

Dazu Kneipp Wellnesstee „Green Wonder" trinken.

## Zutaten:
### (für 4 Personen)

1 Packung runde Pumpernickelscheiben
150 g Schmelzkäse
1 gelbe Paprikaschote
einige Kräcker
8 rund ausgestochene Käsestücke
2 Tomaten
1 hart gekochtes Ei
einige Radieschen

# Hot dogs à la Tom & Jerry

**Zutaten:**
**(für 4 Personen)**

4 „Hot dog"-Brötchen
100 g cremiger
Schmelzkäse
einige Salatblätter
4 Würstchen (z. B.
Wiener, Frankfurter)
Tomatenketschup
1 Zwiebel
1 Tomate
2 EL Mais (aus der
Dose)

**Zubereitung:**

**1.** Die Brötchen längs
aufschneiden und auf
die Unterteile den
Schmelzkäse vertei-
len.

**2.** Salatblätter put-
zen, waschen,
abtropfen lassen, in
Streifen schneiden
und auf den Käse
legen.

**3.** Die Würstchen in
heißem Wasser einige
Minuten ziehen las-
sen. Die Zwiebel
schälen, in Ringe
schneiden und kurz
andünsten.

**4.** Die Tomate
würfeln.

**5.** Brötchen mit
den Würstchen
belegen, Toma-
tenketschup
darüber
geben und
mit Zwiebel-
ringen, Toma-
tenwürfeln und
Mais anrichten.

31

# Früchtemüsli

## Zubereitung:

**1.** Gib die Früchte in ein Sieb und wasche sie, entferne von den Erdbeeren die Stielansätze und halbiere sie.

**2.** Jetzt vermischst du das Müsli mit den Früchten, verteilst es auf Schüsseln und gießt die Milch darüber.

**3.** Eventuell mit Zucker oder Honig süßen.

## Zutaten:
(für 4 Personen)

200 g Müsli
50 g Heidelbeeren
50 g Himbeeren
100 g Erdbeeren
1 l Milch
Zucker oder
Honig

# Vinschgauer Funboard

**Zutaten:**
(für 1 Person)

1 kleiner Vinschgauer
Laib (ca. 100 g)
25 g Schmelzkäse
20 g magerer Schin-
kenspeck
ein paar Radieschen
ein Salatblatt
1 rund ausgestochenes
Käsestück
Schnittlauch

**Zubereitung:**

**1.** Den Vinschgauer
Laib halbieren und mit
Schmelzkäse bestrei-
chen.

**2.** Mit einem Salat-
blatt, Schinkenspeck
und einem rund aus-
gestochenen Stück
Käse belegen.

**3.** Radieschen
waschen, putzen und
in Scheiben schnei-
den. Ebenfalls auf
das Brot legen.

**4.** Mit Schnittlauch
garnieren.

Dazu schmeckt
Kneipp
Wellnesstee
„Sunrise
Energy".

# Inliner

## Zubereitung:

1. Baguettebrötchen halbieren und buttern.

2. Die unteren Brötchenhälften mit Salatblättern, Radieschenscheiben, geraspelter Möhre und je zwei Käsestücken belegen.

3. Paprika und Gurke in dünne Streifen schneiden und auf den Käse geben.

4. Zum Schluss mit etwas Kresse garnieren.

Tipp: Wer es fruchtiger mag, kann das Baguette auch mit Käsetalern, Ananas, Mandarinen, Apfelspalten, Nüssen und Mandeln belegen.

Dazu passt Wellnesstee „Green Wonder" von Kneipp.

## Zutaten:
(für 4 Personen)

4 Baguettebrötchen
8 rund ausgestochene Käsestücke
50 g Butter
einige Salatblätter
1/2 Bund Radieschen
1 Möhre
1 kleines Stück gelbe Paprikaschote
1 kleines Stück Salatgurke
Kresse

# Pikantes Sandwich

**Zutaten:**
(für 1 Person)

1 Baguettebrötchen
1 Stück Salatgurke in Scheiben
1 Stück Apfel in Scheiben
40 g fettreduzierte Leberwurst

**Zubereitung:**

**1.** Das Baguette längs halbieren.

**2.** Eine Hälfte mit Leberwurst bestreichen.

**3.** Dann mit Gurken- und Apfelscheiben belegen.

**4.** Die zweite Baguettehälfte darauf legen.

Dazu schmeckt Kneipp Wellnesstee „Green Wonder".

# Schneeflöckchen

**Zubereitung:**

**1.** Das Sesambrötchen halbieren und mit Schmelzkäse bestreichen.

**2.** Mit Schinken und einem Käsestück belegen.

**3.** Den Rand der Ananasscheibe mit Kokosflocken bestreuen und auf das Brötchen geben.

Dazu passt Kneipp „Botanica Siebenkräutertee".

**Zutaten:**
**(für 1 Person)**

1 Sesam-Vollkornbrötchen
25 g Schmelzkäse
1 Scheibe gekochter Schinken
1 rund ausgestochenes Käsestück
1/2 Scheibe Ananas
1 TL Kokosflocken

# Partyburger

## Zutaten:
### (für 1 Person)

2 Toastbrotscheiben
einige Salatblätter
2-3 Scheiben Früh-
stücksspeck
1 runde Scheibe
Schmelzkäse
2 Radieschen
1 kleines Stück Salat-
gurke
etwas Tomatenketschup

## Zubereitung:

**1.** Toastbrotscheiben leicht toasten, rund ausstechen.

**2.** Eine Scheibe mit Salatblättern, ange-bratenem Frühstücks-speck, Radieschen-scheiben und einem runden Stück Schmelzkäse belegen.

**3.** Etwas Tomaten-ketschup darüber geben, eine zweite Scheibe Toastbrot darauf legen und mit einer Gurken-scheibe gar-nieren.

# Käsezauber-Baguette

## Zubereitung:

**1.** Das Baguette halbieren, beide Hälften aufschneiden und mit Schmelzkäse bestreichen.

**2.** Tomaten und Gurke putzen, waschen und in Scheiben schneiden. Die Käsestücke halbieren, die Salami in dünne Streifen schneiden.

**3.** Baguette mit den Tomaten, Gurken, Käsestücken und Salamistreifen belegen.

**4.** Einige Kleckse Schmelzkäse aufspritzen und einige Schnittlauchröllchen darüber streuen.

**5.** Die Tomaten waschen, jeweils einen Deckel abschneiden und diesen fein würfeln. Die Tomaten mit einem Löffel aushöhlen.

**6.** Die Paprikastücke würfeln, mit dem Mais, den Tomatenwürfeln und dem Schmelzkäse vermischen. Mit etwas Salz und Pfeffer abschmecken und die Masse in die ausgehöhlten Tomaten füllen.

## Zutaten:
(für **2 Personen**)

1 kleines Mehrkorn-Baguette (250 g)
50 g Schmelzkäse
2 Tomaten
200 g Salatgurke
4 rund ausgestochene Käsestücke
1 Scheibe Salami
Schnittlauch

**Gefüllte Tomaten:**
2 Tomaten
3 EL Schmelzkäse
2 EL Mais (aus der Dose)
je 1 Stück rote und grüne Paprikaschote, Salz, Pfeffer

# Mehrkorn-Brötchen „St. Moritz"

## Zutaten:
(für 1 Person)

1 Mehrkornstange oder
Mehrkornspitz
50 g Schmelzkäse
1/4 Apfel
1 kleine Möhre
1 Walnuss

## Zubereitung:

**1.** Die Mehrkornstange halbieren und mit reichlich Schmelzkäse bestreichen.

**2.** Das Apfelstück in Scheiben schneiden, Möhre putzen, waschen und raspeln.

**3.** Die Walnuss grob zerhacken.

**4.** Apfelscheiben, Möhrenraspel und gehackte Walnuss auf dem Brötchen verteilen.

Dazu Kneipp „Botanica Siebenkräutertee" trinken.

# Katz und Maus

## Zubereitung:

**1.** Die Hälfte der Kräcker buttern. Die Paprikaschote in Streifen schneiden.

**2.** Mit je einem Salatblatt und zwei dünnen roten Paprikastreifen belegen.

**3.** Mit einem Plätzchenausstecher ein rundes Stück Schmelzkäse ausstechen, halbieren und in eine halbe Cervelatwurstscheibe einschlagen.

**4.** Mit einem Zahnstocher feststecken.

**5.** Die restlichen Kräcker buttern oder mit Schmelzkäse bestreichen.

**6.** Mit je einer Kiwischeibe belegen.
Mit einer kleinen Plätzchenform aus einer dicken Käsescheibe kleine Herzen ausstechen, auf die Kiwischeiben legen und mit Johannisbeeren garnieren.

Tipp: Mit Plätzchenformen kann man aus Käse tolle Muster ausstechen. Den restlichen Käse zum Überbacken verwenden.

## Zutaten:
(für 1 Person)

1 kleine Packung Cräcker
einige Salatblätter
etwas Butter
1 Stück rote Paprikaschote
50 g Schmelzkäse
1 Scheibe Cervelatwurst
1 dicke Scheibe Käse
1 Kiwi, ein paar Johannisbeerrispen

40

# Speed-King

## Zutaten:
### (für 1 Person)

1 Vollkorn-Sesambröt-
chen
20 g Schmelzkäse mit
Relish
1 Scheibe gekochter
Schinken
1 kleine Tomate
1 Gewürzgurke
1 rund ausgestochenes
Käsestück
Petersilie, Schnittlauch

## Zubereitung:

**1.** Sesambrötchen
halbieren, die untere
Hälfte mit Schmelz-
käse bestreichen.

**2.** Mit gekochtem
Schinken, Tomaten-,
Gurkenscheiben und
Käse belegen.

**3.** Mit Petersilie und
Schnittlauchröllchen
garnieren.

# Rote-Bete-Salat

**Zubereitung:**

**1.** Brause die Petersilie und den Rucola ab. Die Petersilie fein hacken und den Rucola verlesen.

**2.** Die Pfirsiche halbieren und in Spalten schneiden.

**3.** Die Macadamia-Nüsse grob hacken.

**4.** Die Rote Bete in Streifen schneiden und mit der Petersilie, dem Rucola, den Pfirsichspalten und den Nüssen vermischen.

**5.** Aus den übrigen Zutaten eine Salatsauce herstellen, über die Rote Bete geben, vermischen und auf Tellern anrichten.

**Zutaten:**
**(für 4 Personen)**

500 g gekochte Rote Bete
2 Pfirsiche
1/2 Bund Petersilie
1 Bund Rucola
50 g Macadamia-Nüsse
50 ml Essig
2 EL Olivenöl
Salz, Pfeffer
Zucker

# Weintraubensalat

**Zutaten:**
**(für 4 Personen)**

500 g Weintrauben
1 Bund Rucola
2 Pfirsiche
50 g Macadamia-Nüsse
50 ml Essig
2 EL Öl
Salz
Pfeffer
Zucker

**Zubereitung:**

**1.** Den Rucola abbrausen und verlesen, die Weintrauben waschen und halbieren.

**2.** Die Pfirsiche teilen, den Kern entfernen und das Fruchtfleisch in Spalten schneiden.

**3.** Gib alles in eine Schüssel, stelle aus den anderen Zutaten eine Salatsauce her, schütte sie darüber und vermische alles miteinander.

# Clowngesicht

## Zubereitung:

**1.** Ein rundes Brötchen halbieren und buttern, mit Salami und Eischeibe belegen, dazu eine rote Nase aus einer halben Cocktailtomate.

**2.** Die Augen bestehen aus einem Klecks Schmelzkäse und werden mit Pistazien belegt.

**3.** Für die Augenbrauen etwas Petersilie, für die Haare gestiftelten Karotten nehmen.

Tipp: Statt eines runden Brötchens kann man auch runde Knäckebrot- oder Schwarzbrotscheiben nehmen oder Toastbrot mit einer runden Form ausstechen.

## Zutaten:
### (für 1 Person)

1 Brötchen
2 Scheiben Salami
1 hart gekochtes Ei, in Scheiben
1 Karotte
2 Cocktailtomaten
Schmelzkäse, Pistazien
Petersilie

# Zucchinisuppe

**Zutaten:**
(für 4 Personen)

500 g Zucchini
1 Zwiebel
1 EL Butter
1 Becher süße Sahne
250 ml Wasser
Salz
Pfeffer
1 Schale Kresse

**Zubereitung:**

1. Die Zucchini abwaschen und in grobe Stücke schneiden.

2. Die Zwiebel abschälen und hacken.

3. Die Butter in einem Topf schmelzen, die Zwiebel und die Zucchini dazugeben und ca. 8 Minuten dünsten.

4. Wenn die Zucchini gar sind, das Wasser und die Sahne dazugeben und alles mit einem Pürierstab pürieren.

5. Die Suppe mit Salz und Pfeffer abschmecken. Die Kresse darüber streuen.

# Blumenkohlsuppe

**Zubereitung:**

**1.** Teile den Blumen- kohl in kleine Röschen und wasche ihn.

**2.** Den Blumenkohl mit dem Wasser in einem Topf zum Kochen bringen und ca. 10 Minuten garen. Ein paar Röschen aus dem Topf nehmen und bei- seite stellen.

**3.** Die Butter in einer Pfanne schmel- zen und das Mehl hineinrühren.

**4.** Die Mehlschwitze in den Topf einrühren und alles mit einem Pürierstab pürieren.

**5.** Die Suppe einmal aufkochen, mit Salz und Pfeffer abschme- cken, die beiseite gestellten Röschen in den Topf geben.

**Zutaten:**
(für 4 Personen)

1 Blumenkohl
750 ml Wasser
2 EL Butter
2 EL Mehl
Salz
Pfeffer

# Linsengemüse

## Zutaten:
(für 4 Personen)

200 g Linsen
500 ml Wasser
2 Karotten
3 Kartoffeln
1/2 Stange Lauch
1/2 Bund Petersilie
Salz
Pfeffer

## Zubereitung:

**1.** Die Linsen waschen, mit dem Wasser in einem Topf ca. 20 Minuten kochen.

**2.** Die Karotten und die Kartoffeln musst du schälen und in kleine Stücke schneiden.

**3.** Nach 10 Minuten Garzeit zu den Linsen in den Topf geben. Den Lauch und die Petersilie waschen, klein schneiden und ebenfalls in den Topf geben.

**4.** Das Linsengemüse mit Salz und Pfeffer abschmecken.

# Rotkohl mit Bratwurst

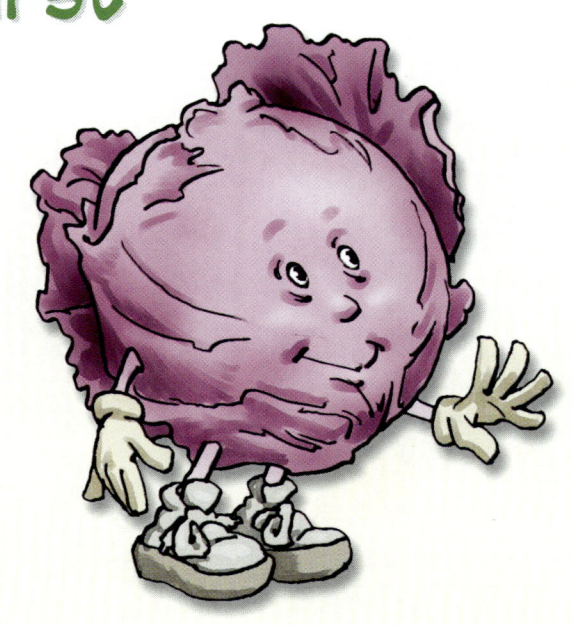

## Zubereitung:

**1.** Entferne vom Rotkohl die äußeren Blätter und schneide ihn in Streifen.

**2.** Die Zwiebel abschälen und fein hacken.

**3.** Den Zucker in einem Topf erhitzen, bis er geschmolzen ist, dann den Rotkohl und die Zwiebel darin anbraten.

**4.** Mit Essig ablöschen, mit Wasser aufgießen, die Nelken dazugeben und ca. 20 Minuten dünsten.

**5.** Die Äpfel zerteilen, das Kerngehäuse entfernen und das Fruchtfleisch in Stücke schneiden. Zum Rotkohl geben, mit Salz und Pfeffer abschmecken.

**6.** Mit den gebratenen Würstchen servieren.

### Zutaten:
(für 4 Personen)

4 Bratwurstschnecken
2 EL Öl
1/2 Rotkohl
50 ml Wasser
2 Nelken
1 kleine Zwiebel
2 Äpfel, 2 EL Zucker
2 EL Essig, Salz, Pfeffer

# Rosenkohl mit Hackfleischspießen

## Zutaten:
### (für 4 Personen)

500 g Rosenkohl
100 ml Wasser
2 EL Butter
400 g Hackfleisch
2 Toastbrotscheiben
1 kleine Zwiebel
Öl
Salz
Pfeffer

## Zubereitung:

**1.** Putze den Rosenkohl und koche ihn in etwas Wasser ca. 8 Minuten.

**2.** Dann die Butter dazugeben, verrühren, mit Salz und Pfeffer abschmecken.

**3.** Die Toastbrotscheiben in Wasser einweichen, die Zwiebel schälen und fein hacken.

**4.** Das Hackfleisch in eine Schüssel geben, mit der Zwiebel und den ausgedrückten Brotscheiben verkneten, mit Salz und Pfeffer würzen.

**5.** Forme aus der Hackfleischmasse kleine Bällchen, stecke sie auf Spieße und brate sie in einer Pfanne mit etwas Öl.

# Spagettinester

## Zubereitung:

**1.** Spagetti in reich-lich Salzwasser mit Öl 10 bis 12 Minuten kochen.

**2.** In einem Sieb mit kaltem Wasser abschrecken, abtrop-fen lassen.

**3.** Nudeln mit zwei Gabeln zu kleinen Nestern formen und in eine flache Gratinform setzen.

**4.** Napoli-Sauce in die Nester füllen und mit Parmesan bestreuen.

**5.** Im vorgeheizten Backofen bei 225° C 10 Minuten über-backen.

**6.** Zum Schluss mit Kräutern bestreuen.

### Zutaten:
(für 1 Person)

50 g Gold-Ei-Spagetti
(z. B. von
3 GLOCKEN)
Meersalz mit Jod und
Fluor
1 TL Distelöl
100 ml Nudelsauce à la
Napoli (z. B. von 3
GLOCKEN)
10 g geriebener
Parmesan
Thymian, Majoran

# Gabelspagetti „Kinderspaß"

**Zutaten:**
(für 4 Personen)

250 g Gabelspagetti
(z. B. Birkel's No. 1)

Für die Hackfleischbällchen:
1 Brötchen
400 g gemischtes Hack-
fleisch
1 Zwiebel, 1 Ei, Salz
Pfeffer, Paprika
1 TL Basilikum, gerebelt

Für die Sauce:
1 Zwiebel, 1 Knoblauchzehe
2 EL Speiseöl, 1/4 l Brühe
1 kleine Dose Tomaten
50 g TK-Erbsen

**Zubereitung:**

**1.** Gabelspagetti nach
Packungsanweisung
zubereiten, abgießen
und abtropfen lassen.

**2.** Für die Hackfleischbällchen Brötchen in
Wasser einweichen und
ausdrücken.

**3.** Zwiebel schälen und
fein würfeln. Hack-
fleisch, Brötchen, Zwie-
belwürfel und Ei verkne-
ten und mit Salz, Pfef-
fer, Paprika und Basili-
kum abschmecken.

**4.** Kleine Bällchen da-
raus formen. Für die
Sauce Zwiebel und
Knoblauchzehe schälen,
würfeln und in Öl glasig
dünsten.

**5.** Brühe, Tomaten und
Hackfleischbällchen
dazugeben und 15
Minuten köcheln lassen.

**6.** Erbsen an die Sauce
geben und kurz miter-
wärmen.

# Spagetti-Pizza „Mickey Mouse"

## Zubereitung:

**1.** Spagetti nach Packungs-anweisung zubereiten. Die Paprikaschote halbieren, waschen und putzen.

**2.** Zucchini waschen und putzen und zusammen mit der Paprikaschote, Salami und Schinken würfeln.

**3.** Die abgetropften Spa-getti auf ein gefettetes Blech verteilen.

**4.** Eier und Milch verquirlen, über die Spagetti geben und im vorgeheizten Backofen bei 200° C ca. 10 Minuten stocken lassen.

**5.** Bolognese-Soße auf der gestockten Spagettimasse verteilen, mit Gemüse-, Schinken- und Salamiwürfeln belegen, mit Käse bestreuen und weitere 15 Minuten überbacken.

**6.** Nach Wunsch auf Tellern mit einer Spagettischleife garniert servieren.

## Zutaten:
## (12 Kinderportionen)

500 g Birkel Spagetti
1 gelbe Paprikaschote
1 Zucchini
100 g Salami
100 g magerer, gekoch-ter Schinken
Fett für das Blech
4 Eier
0,1 l Milch
1 Glas Bolognese-Soße
(à 400 g, z. B. Birkel Nudel up)
100 g geriebener Gouda

# Tacos mit Fleischfüllung

## Zutaten:
### (für 4 Personen)

12 fertige Tacoschalen
einige Blätter Eisberg-
salat
1 EL Butter
250 g Hackfleisch
1 gehackte Zwiebel
3 EL Mais
je eine halbe rote und
grüne Paprikaschote
Pfeffer, Salz
400 g mexikanische
Sauce

## Zubereitung:

**1.** Butter erhitzen und die fein gewürfelte Zwiebel darin andünsten.

**2.** Hackfleisch zugeben, kräftig anbraten.

**3.** Paprikaschoten waschen, putzen und in kleine Würfel schneiden.

**4.** Mais, fein gewürfelte Paprikaschoten und 200 g mexikanische Sauce dazugeben und pikant abschmecken.

**5.** Inzwischen die Tacoschalen mit der offenen Seite nach unten auf ein Backblech setzen und im vorgeheizten Backofen bei 180° C ca. 3 bis 4 Minuten aufbacken.

**6.** Tacoschalen innen dick mit mexikanischer Sauce bestreichen, mit klein geschnittenen Salatblättern auslegen und mit der Hackfleischmasse füllen.

# Panierte Käsestücke

## Zubereitung:

**1.** Pommes frites nach Packungsaufschrift im vorgeheizten Backofen zubereiten.

**2.** Inzwischen das Ei aufschlagen, in einen tiefen Teller geben und verquirlen. Das Paniermehl ebenfalls auf einen Teller geben.

**3.** Den Käse zuerst in dem Ei, dann im Paniermehl wenden. Diesen Vorgang wiederholen, die Käsestücke also doppelt panieren.

**4.** Das Kokosfett in einer beschichteten Pfanne erhitzen und die Käsestücke von jeder Seite gut eine Minute ausbacken.

**5.** Den Salat und die Tomaten putzen und waschen. Den Salat in mundgerechte Stücke zupfen, die Tomaten achteln.

**6.** Aus Distelöl, Essig, Kräutern und Gewürzen ein Dressing zubereiten und über den Salat geben.

**7.** Die fertigen Käsestücke zusammen mit den Pommes frites und dem Salat servieren.

Dazu schmeckt Kneipp „Botanica Siebenkräutertee".

### Zutaten:
### (für 4 Personen)

500 g Pommes frites
für den Backofen
8 rund ausgestochene
Käsestücke
1 Ei, 4 EL Paniermehl
40 g Kokosfett
4 Tomaten
1 kleiner Salatkopf
2 EL Distelöl
1 EL Essig
Salatkräuter
Salz, Pfeffer, Zucker

# Gefüllte Birnen

## Zutaten:
(für 4 Personen)

500 g Birnen
200 g Rauchkäse
1 rote Paprikaschote

## Zubereitung:

**1.** Schneide die Paprikaschote auseinander und entferne das Kerngehäuse.

**2.** Dann schneidest du die Paprikaschote und den Rauchkäse in kleine Würfel.

**3.** Jetzt die Birnen halbieren und vorsichtig das Kerngehäuse entfernen, den Käse und die Paprikawürfel hineingeben.

**4.** Den Backofen auf 180° C vorheizen und die Birnen darin ca. 10 Minuten backen.

# Kräuter-Vollkornfladen

## Zubereitung:

**1.** Den Brotteig nach Packungsanweisung zubereiten. Anschließend
mit einem feuchten Tuch abdecken
und etwa 20 Minuten warm stellen.

**2.** Paprikaschoten würfeln, Brokkoli
putzen und in kleine Röschen
schneiden. Frühlingszwiebel in kleine
Röllchen schneiden.

**3.** Den Teig in zwei Hälften teilen,
nochmals gut durchkneten. Aus der
einen Hälfte ein Brot formen, warm
stellen und später bei 220° C im
vorgeheizten Backofen auf unterster
Schiene 45 Minuten ausbacken.

**4.** Aus der restlichen Teigmenge 8
Kugeln formen, mit bemehlten Hän-
den zu flachen Fladen drücken, auf
ein mit Backpapier ausgelegtes
Backblech legen und etwa 20 Minuten warm stellen, bis sich das
Teigvolumen deutlich vergrößert hat.

**5.** Anschließend nach Belieben mit
den vorbereiteten Zutaten belegen
und würzen.

**6.** Inzwischen den Ofen auf 220° C
vorheizen und danach auf unterster
Schiene 15 bis 18 Minuten backen.
Die Fladen auf einem Gitter aus-
kühlen lassen.

### Zutaten:
(ergibt 8 Vollkornfladen
und einen Laib Kräuter-
brot)

1 Packung Kräuterbrot-
Backmischung (z. B.
von Kneipp)
0,6 l lauwarmes Was-
ser
150 g geriebener Gouda
je 1/2 rote und gelbe
Paprikaschote
100 g Brokkoli
1 Frühlingszwiebel
Salz, Pfeffer
Mehl zum Bestäuben
Backpapier

# Fenchel mit Tomaten

**Zutaten:**
(für 4 Personen)

3 Fenchel
16 Cocktailtomaten
1 EL Butter
2 EL Zucker
2 EL Balsamicoessig

**Zubereitung:**

**1.** Putze die Fenchel und schneide sie längs in acht Teile.

**2.** Die Butter in einer Pfanne schmelzen, den Zucker hineinstreuen, rühren, bis er geschmolzen ist.

**3.** Jetzt den Fenchel dazugeben, anbraten, dann mit dem Essig ablöschen und die Tomaten dazugeben.

**4.** Den Fenchel und die Tomaten ca. 8 Minuten dünsten.

# überbackener Blumenkohl

**Zubereitung:**

**1.** Teile den Blumen-
kohl in Röschen und
wasche ihn.

**2.** Den Blumenkohl in
reichlich Salzwasser
ca. 5 Minuten
kochen.

**3.** Die Blumenkohl-
röschen in eine
Auflaufform geben,
mit den Emmentaler-
scheiben belegen und
im vorgeheizten
Backofen bei 180° C
ca. 10 Minuten
backen.

**Zutaten:**
(für 4 Personen)

1 Blumenkohl
200 g geschnittener
Emmentaler
Salz

# Gefüllte Auberginen

## Zutaten:
(für 4 Personen)

2 Auberginen
1 kleine Dose Mais
1 grüne Paprikaschote
2 Tomaten
2 Kugeln Mozzarella
1/2 Bund Petersilie
Salz
Pfeffer

## Zubereitung:

**1.** Halbiere die Auberginen längs und höhle sie mit einem Löffel aus.

**2.** Die Tomaten und die Paprikaschote waschen und in Würfel schneiden. Die Petersilie abbrausen und hacken.

**3.** Den Mozzarella in Würfel schneiden, mit dem Mais, der Petersilie, den Tomaten- und den Paprikastücken vermischen, mit Salz und Pfeffer würzen.

**4.** Die Gemüsefüllung in die Auberginen geben und im vorgeheizten Backofen bei 180° C ca. 20 Minuten backen.

# Spargel mit Kartoffeln

## Zubereitung:

**1.** Schneide von dem Spargel die Enden ab und schäle ihn.

**2.** Dann koche den Spargel in Salzwasser ca. 20 Minuten.

**3.** Die Eier ca. 8 Minuten kochen, abschrecken, pellen und klein hacken.

**4.** Die Kartoffeln schälen und im Salzwasser kochen.

**5.** Die Sauce hollandaise erwärmen.

**6.** Auf Tellern anrichten und die klein gehackten Eier über den Spargel geben.

## Zutaten:
(für 4 Personen)

1 kg Spargel
500 g Kartoffeln
4 Eier
Salz
1 Fertigpäckchen Sauce hollandaise

# Karotten mit Orangen

**Zutaten:**
(für 4 Personen)

500 g Karotten
2 Orangen
1 Becher Crème fraîche
1/2 Bund Petersilie
Salz
Pfeffer

**Zubereitung:**

1. Schäle die Karotten, schneide sie in Scheiben, gib sie mit etwas Wasser in einen Topf und dünste sie ca. 8 Minuten.

2. Die Orangen schälen, die weiße Haut mit einem Messer entfernen und die Orangen in Spalten teilen.

3. Die Petersilie abbrausen und hacken.

4. Die Crème fraîche, die Orangenspalten und die Petersilie unter die Karotten rühren, mit Salz und Pfeffer würzen.

# Grünkohl mit Würstchen

## Zubereitung:

**1.** Wasche den Grün-kohl gründlich ab und entferne die groben Teile des Strunks.

**2.** Dann schneide die Blätter in ca. 2 cm breite Streifen.

**3.** Das Schmalz in einem Topf erhitzen, die Blätter dazuge-ben, umrühren und ca. 7 Minuten düns-ten, gegebenenfalls etwas Wasser dazu-geben.

**4.** Die Würstchen auf den Grünkohl legen und mitdünsten. Den Grünkohl mit Salz und Pfeffer abschme-cken.

### Zutaten:
(für 4 Personen)

1 kg Grünkohl
2 EL Schmalz
8 Würstchen
Salz
Pfeffer

# Kohlrabigemüse

**Zutaten:**
**(für 4 Personen)**

3 Kohlrabi
1 Becher süße Sahne
1 TL Speisestärke
Salz
Pfeffer

**Zubereitung:**

**1.** Schäle die Kohlrabi und schneide sie in Stifte.

**2.** Die Kohlrabistifte in einen Topf mit etwas Wasser geben und ca. 7 Minuten dünsten.

**3.** Die Sahne mit der Speisestärke verrühren, sodass keine Klümpchen mehr vorhanden sind.

**4.** Die Sahne unter die Kohlrabi mischen, einmal aufkochen, mit Salz und Pfeffer abschmecken.

Tipp: Das Gemüse schmeckt lecker zu Geflügelnuggets.

# Brokkoli mit Geschnetzeltem

**1.** Teile den Brokkoli in kleine Röschen und koche ihn mit etwas Salzwasser ca. 5 Minuten gar.

**2.** Die Schweineschnitzel in Streifen schneiden. Das Öl in einer Pfanne erhitzen und das Fleisch darin braten.

**3.** Mit Mehl bestäuben, mit der Sahne aufgießen, umrühren, mit Salz und Pfeffer abschmecken.

**4.** Eine beschichtete Pfanne erhitzen und die Mandelblättchen darin rösten.

**5.** Verteile das Geschnetzelte auf vier Teller und gib den Brokkoli und die Mandelblättchen darüber.

**Zutaten:**
(für 4 Personen)

500 g Brokkoli
2 Schweineschnitzel
2 EL Öl
1 EL Mehl
1 Becher süße Sahne
50 g Mandelblättchen
Salz
Pfeffer

# Schwarzwurzeln mit Vollkornpuffern

**Zutaten:**
(für 4 Personen)

8 Vollkornpuffer
(Fertigprodukt)
2 EL Öl
500 g Schwarzwurzeln
1 Becher süße Sahne
1 TL Speisestärke
Salz
Pfeffer

**Zubereitung:**

**1.** Schäle die Schwarzwurzeln und wasche sie, dann schneide sie in 3 cm lange Stücke.

**2.** Etwas Wasser in einem Topf erhitzen und die Schwarzwurzeln darin ca. 15 Minuten kochen.

**3.** Die Sahne mit der Speisestärke verrühren, sodass keine Klümpchen mehr vorhanden sind.

**4.** Die Sahne unter die Schwarzwurzeln mischen, einmal aufkochen, mit Salz und Pfeffer abschmecken.

**5.** Das Öl in einer Pfanne erhitzen, die Vollkornpuffer herausbraten und mit den Schwarzwurzeln servieren.

# Maiskolben

**Zubereitung:**

**1.** Heize den Back-
ofen auf 180° C vor
und lege ein Back-
blech mit Backpapier
aus.

**2.** Entferne von den
Maiskolben die Blät-
ter und Fäden. Die
Maiskolben auf das
Backpapier legen und
mit Butter bestrei-
chen.

**3.** Im Backofen ca.
15 Minuten backen
und weitere 5 Minu-
ten mit kräftiger
Oberhitze.

**4.** Vor dem Essen
mit Salz und Pfeffer
würzen.

**Zutaten:**
**(für 4 Personen)**

8 Maiskolben
4 EL Butter
Salz
Pfeffer

# Lauch mit Käse überbacken

**Zutaten:**
(für 4 Personen)

4 Stangen Lauch
200 g Schinken
100 g Emmentaler

**Zubereitung:**

**1.** Putze den Lauch und entferne die äußeren Blätter, dann unter fließendem Wasser waschen.

**2.** Jetzt schneide den Lauch in 5 cm lange Stücke. Die Lauchstücke ca. 2 Minuten in kochendes Wasser geben.

**3.** Lege den Schinken aus und wickele die Lauchstücke darin ein.

**4.** Den Käse schneidest du in Streifen und legst sie quer über die Lauchstücke.

**5.** Den Lauch im vorgeheizten Backofen bei 180° C ca. 10 Minuten backen.

# Kartoffel-Zucchini-Gratin

**Zubereitung:**

**1.** Schäle die Kartoffeln, wasche die Zucchini und schneide beides in Scheiben.

**2.** Eine Auflaufform mit Butter ausstreichen, die Kartoffel- und Zucchinischeiben abwechselnd einlegen.

**3.** Die Sahne mit Salz, Pfeffer und Muskat würzen, über die Kartoffeln und die Zucchini schütten.

**4.** Im vorgeheizten Backofen bei 180° C ca. 25 Minuten backen.

**Zutaten:**
**(für 4 Personen)**

300 g Kartoffeln
300 g Zucchini
1 EL Butter
1 Becher süße
Sahne
Salz
Pfeffer
Muskat

# Süßkartoffelpuffer mit Apfelmus

**Zutaten:**
(für 4 Personen)

500 g Äpfel
1 EL Zucker
500 g Süßkartoffeln
2 Eier
Salz
Pfeffer
Muskat
3 EL Öl

**Zubereitung:**

**1.** Schäle die Äpfel, entferne das Kerngehäuse, schneide sie in kleine Stücke und koche sie mit etwas Wasser ca. 5 Minuten gar.

**2.** Den Zucker in die Äpfel einrühren und das Ganze mit einem Pürierstab pürieren.

**3.** Die Kartoffeln schälen, grob raspeln und mit den aufgeschlagenen Eiern vermischen, mit Salz, Pfeffer und Muskat würzen.

**4.** Das Öl in einer Pfanne erhitzen und Kartoffelpuffer darin ausbraten.

# Zuckerschoten

### Zubereitung:

**1.** Wasche die Zuckerschoten, entferne die Fäden und Stängel.

**2.** Die Butter in einem Topf schmelzen, die Zuckerschoten dazugeben und ca. 5 Minuten garen.

**3.** Mit Pfeffer, Salz und Zucker abschmecken.

**4.** Das Kartoffelgratin im Backofen backen, mit den Zuckerschoten servieren.

### Zutaten:
(für 4 Personen)

500 g Zuckerschoten
1 EL Butter
Pfeffer
Salz
Zucker
4 Portionen Kartoffelgratin (Fertigprodukt)

# Mini-Tortillas

## Zutaten:
### (8 Portionen)

100 g Weizenmehl
5 EL Wasser
1 TL Salz
200 g Chilisauce
1 kleine Zwiebel
1 EL Butter
100 g Rinderhack-
fleisch
Salz, Pfeffer, Chilipulver
2 Frühlingszwiebeln
je 1/2 rote und 1/2
grüne Paprikaschote
2-3 EL Maiskörner

## Zubereitung:

**1.** Mehl mit Wasser und Salz zu einem festen Teig verkneten. Kurz ruhen lassen.

**2.** Aus dem Teig acht gleich große Kugeln formen und diese auf einer bemehlten Fläche mit dem Rollholz zu dünnen Teigfladen mit etwa 10 bis 12 cm Durchmesser ausrollen.

**3.** Anschließend die Fladen ohne Fett in einer Pfanne bei mittlerer Hitze von jeder Seite knapp 1 Minute backen, bis sich der Teig leicht bräunt und Blasen wirft.

**4.** Die fertigen Tortillas mit Chilisauce bestreichen.

**5.** Inzwischen die Zwiebel schälen und würfeln, in heißer Butter andünsten. Hackfleisch zugeben, kräftig anbraten und pikant abschmecken. Anschließend auf die Tortillas verteilen.

**6.** Frühlingszwiebeln in dünne Ringe schneiden, die Paprikaschoten fein würfeln, mit den Maiskörnern mischen und über die Tortillas geben.

# Mini-Dampfis mit Heidelbeerfüllung

## Zubereitung:

**1.** In einem großen Topf oder einer Pfanne Milch und Zucker zum Kochen bringen und die Mini-Dampfis einsetzen.

**2.** Mit geschlossenem Deckel etwa 10 Minuten ziehen lassen.

**3.** Mit Mohn und Puderzucker bestreuen und mit Vanille-Sauce servieren.

Tipp: Mit frischen Heidelbeeren garniert, schmecken die Dampfis doppelt gut!

## Zutaten:
(für 4 Personen)

2 Packungen Mini-Dampfis
mit feiner Heidelbeerfüllung (à 320 g, z. B. von Settele)
1/4 l Milch
2 EL Zucker
2 EL Mohn
1 EL Puderzucker
1 Glas Dampfnudel-Vanille-Sauce (z. B. von Settele)

# Honigbananen

**Zutaten:**
**(8 Portionen)**

9 Bananen
4 EL Honig
16 Himbeeren
50 g Kokosflocken

## Zubereitung:

**1.** Erhitze eine Pfanne und gib den Honig hinein, rühre so lange, bis er ganz flüssig ist.

**2.** Schäle die Bananen, gib sie in die Pfanne und brate sie von beiden Seiten an.

**3.** Vorsichtig wenden, die Bananen zerfallen leicht.

**4.** Eine Banane in Scheiben schneiden für die Augen.

**5.** Die Bananen auf je einen Teller geben und auf die Bananenscheiben je eine Himbeere legen. Mit den Kokosflocken bestreuen.

# Fruchtsalat

## Zubereitung:

**1.** Die Weintrauben, die Erdbeeren, die Heidelbeeren waschen und größere Erdbeeren zerteilen.

**2.** Die Äpfel werden abgerieben, zerteilt, das Kerngehäuse entfernt und das Fruchtfleisch in mundgerechte Stücke geschnitten. Die Bananen werden abgeschält und in Scheiben geschnitten.

**3.** Die Honigmelone teilst du in der Mitte und entfernst mit einem Löffel die Kerne. Mit einem Ausstecher werden runde Kugeln aus der Melone gestochen.

**4.** Jetzt gibst du alle Früchte in eine Schüssel und vermischst sie vorsichtig miteinander. Dann gibst du den Jogurt und den Zucker darüber und vermischst alles miteinander.

**5.** Den Fruchtsalat auf Tellern anrichten und mit den Kokosflocken bestreuen.

## Zutaten:
### (für 2 Personen)

100 g Weintrauben
50 g Heidelbeeren
2 Bananen
2 Äpfel
100 g Erdbeeren
1 Honigmelone
2 EL Kokosflocken
1 Becher Jogurt
1 EL Zucker

# Bratäpfel mit Getreidefüllung

**Zutaten:**
(für 1 Person)

1 säuerlicher Apfel
10 g Enzym-Ferment
Getreide (aus dem
Reformhaus)
15 g gemahlene Hasel-
nüsse
1 EL Original Kanne
Brottrunk
2 TL Quittenmus
Zimt

**Zubereitung:**

**1.** Das Enzym-Fer-
ment Getreide in
einer Schüssel mit
den gemahlenen
Haselnüssen und dem
Brottrunk vermengen.

**2.** Mit Quittenmus
süßen und mit Zimt
abschmecken.

**3.** Apfel ausstechen,
mit der Masse füllen
und auf Backpapier
setzen.

**4.** Im vorgeheizten
Ofen bei 180 bis
200° C 12 bis 15
Minuten backen.

# Erdbeerbecher „Molatus"

**Zubereitung:**

**1.** Die Erdbeeren waschen, putzen und in mundgerechte Stücke schneiden.

**2.** Jogurt mit Molat verrühren und mit Vanillezucker süßen.

**3.** Pistazien klein hacken.

**4.** Die Erdbeeren in ein Kelchglas füllen, den Jogurt darüber geben und mit Pistazien bestreuen.

**Zutaten:**
(für 1 Person)

200 g Erdbeeren
100 g fettarmer Jogurt
1 EL Molat (aus dem Reformhaus)
Vanillezucker
1/2 TL Pistazien

# Fruchtbecher Sommertraum

**Zutaten:**
(für 1 Person)

200 g Beerenfrüchte
(Erdbeeren, Himbeeren,
Heidelbeeren)
150 g Jogurt
2 EL Vollgran Weizen-
keime (aus dem
Reformhaus)

**Zubereitung:**

1. Die Früchte
waschen und putzen.

2. Die Erdbeeren in
Stücke schneiden.

3. Jogurt mit Wei-
zenkeimen verrühren.

4. Früchte und
Jogurt in ein hohes
Dessertglas schich-
ten.

# Glasierte Äpfel

**Zubereitung:**

**1.** Wasche die Äpfel, schneide sie mit einem Messer in 4 Teile, entferne das Kerngehäuse.

**2.** Jetzt schneidest du die Apfelstücke in Spalten.

**3.** Die Butter wird in einer Pfanne geschmolzen, dann streust du den Zucker hinein und rührst so lange, bis er geschmolzen ist.

**4.** Dann gibst du die Apfelstücke dazu und brätst sie ca. 3 Minuten.

Tipp: Die Äpfel schmecken gut zu Waffeln, Pfann-kuchen und Kartoffel-puffern.

**Zutaten:**
**(für 4 Personen)**

500 g Äpfel
2 EL Butter
2 EL Zucker

# Sommerliches Quarkdessert

## Zutaten:
(für 2 Personen)

1 Honigmelone
300 g gemischte Beerenfrüchte (z. B. Himbeeren, Heidelbeeren, TK oder frisch)
200 g Magerquark
100 g Vollmilch-Jogurt
30 g Zucker
1/2 Päckchen Vanillezucker
25 g Vollgran Weizenkeime (aus dem Reformhaus, z. B. von Dr. Grandel)
etwas Limonenschale
2 Waffelröllchen

## Zubereitung:

**1.** Melone quer halbieren und mit einem Portionierer (so genannter Pariser Ausstecher) aus dem Fruchtfleisch kleine Melonenkugeln ausstechen.

**2.** Die Beerenfrüchte auftauen lassen und waschen bzw. putzen.

**3.** Quark mit Jogurt und Weizenkeimen verrühren und mit Zucker und Vanillezucker süßen.

**4.** Die Melonenkugeln und einen Großteil der Beeren unterheben.

**5.** Die beiden Melonenhälften rundum mit einem Messer wellenförmig einschneiden und mit dem Fruchtquark befüllen.

**6.** Das Quarkdessert mit etwas geraspelter Limonenschale garnieren und mit den restlichen Beerenfrüchten und den Waffelröllchen anrichten. Kühl servieren.

# Johannisbeer-Muffins

## Zubereitung:

**1.** Die Beeren waschen und von den Rispen streifen, mit Puderzucker bestäuben.

**2.** Das Mehl mit den Mandeln, Backpulver und Salz mischen.

**3.** Die Eier in einer zweiten Schüssel verquirlen. Den Zucker, Vanillezucker und die weiche Butter zu den Eiern hinzufügen und verrühren.

**4.** Die Mehlmischung zur Eimasse geben und kurz unterrühren. Die Beeren vorsichtig unter den Teig heben.

**5.** Den Teig bis zu zwei Drittel Höhe in die Muffinförmchen einfüllen. Im vorgeheizten Backofen 20 bis 25 Minuten bei 180° C goldgelb backen.

**6.** Den Puderzucker und die Flüssigkeit in einer kleinen Schüssel mit einem Löffel zu einer glatten Glasur verrühren.

**7.** Die Muffins aus dem Backofen nehmen, in der Form noch 5 Minuten ruhen lassen. Aus der Form lösen, mit der Zuckerglasur bestreichen, mit frischen Johannisbeeren garnieren.

## Zutaten:
### (ergibt 12 Muffins)

200 g frische Johannisbeeren
2 EL Puderzucker
160 g Mehl Type 405
100 g gemahlene Mandeln
1 Päckchen Backpulver
1 Prise Salz
2 Eier
120 g weißer Zucker
1 Päckchen Vanillezucker
125 g weiche Butter

### Zuckerglasur:

75 g Puderzucker
1-2 EL Flüssigkeit

# Fruchttörtchen

## Zutaten:
### (für 4 Personen)

260 g Mehl
2 TL Backpulver, 1 Ei
140 g Zucker
125 g weiche Butter
1/8 l Milch
Butter zum Einfetten
der Förmchen
200 g verschiedene
Früchte
1 Packung Tortenguss

## Zubereitung:

**1.** Heize den Backofen auf 180° C vor. Das Mehl in eine Schüssel sieben und mit dem Backpulver vermischen. Das Ei in einer zweiten Schüssel mit einem Schneebesen verquirlen.

**2.** Den Zucker, die Butter, die Milch dazugeben und verrühren, dann das Mehl unterrühren.

**3.** Die Kuchenförmchen einfetten und den Teig einfüllen. Im Backofen ca. 20 Minuten goldgelb backen.

**4.** Die Kuchen aus dem Backofen nehmen, in der Form noch 5 Minuten ruhen lassen. Dann aus der Form lösen, erkalten lassen.

**5.** Die Kuchen mit den Früchten garnieren und mit dem Tortenguss bestreichen.

# Früchte mit Blätterteig

## Zubereitung:

**1.** Die Früchte waschen, entsteinen und in mundgerechte Stücke schneiden.

**2.** Das Ei in eine Schüssel aufschlagen und mit einer Gabel verquirlen.

**3.** Den Puderzucker mit dem Zitronensaft vermischen, es sollte eine streichfähige Mischung entstehen.

**4.** Den Backofen auf 180° C vorheizen, ein Backblech mit Backpapier auslegen. Den Blätterteig auslegen, auftauen lassen und 8 Teigquadrate von ca. 15 cm ausschneiden.

**5.** Die Ecken zur Mitte klappen, andrücken und mit dem Ei bestreichen. Den Blätterteig im Backofen ca. 15 Minuten backen.

**6.** Die Früchte in die Mitte des fertig gebackenen Blätterteiges legen und mit dem Puderzucker bestreichen.

## Zutaten:
### (für 4 Personen)

500 g TK-Blätterteig
1 Ei
250 g verschiedene Früchte
3 EL Puderzucker
1 EL Zitronensaft

# Bananenlasagne mit Mango

## Zutaten:
### (für 4 Personen)

12 Lasagneblätter
1 l Wasser
1 Mango
2 Bananen
500 g Magerquark
3 EL Zucker
1 Ei

## Zubereitung:

**1.** Koche die Lasagneblätter ca. 10 Minuten. Dann die Lasagneblätter mit einer Schaumkelle aus dem Wasser nehmen und auslegen, damit sie nicht zusammenkleben können.

**2.** Die Mango schälen, den Kern entfernen und das Fruchtfleisch in Spalten schneiden.

**3.** Die Bananen schälen und in Scheiben schneiden. Den Quark, den Zucker und das Ei in eine Schüssel geben und vermischen.

**4.** Den Backofen auf 180° C vorheizen. Die Lasagneblätter mit einem Messer halbieren, je ein Blatt auf vier hitzebeständige Teller legen, einen Esslöffel Quark darauf verteilen, mit Früchten belegen, das nächste Blatt darauf geben usw., bis alle Blätter verbraucht sind.

**5.** Die Teller mit der Lasagne im Backofen ca. 15 Minuten backen.

# Register

Wir danken folgenden Firmen für ihre freundliche Unterstützung:

Wirths PR, Fischach 19, 20/ 21, 23, 24/ 25, 26/ 27, 28/ 29, 30/31, 33, 34/35, 36/37, 38/39, 40/41, 44, 53, 54, 71, 75
- 3 GLOCKEN 50
- Birkel 51, 52
- Dr. Grandel 76/77, 79, 80
- Kneipp-Werke 56
- Settele 72

Alle weiteren Fotos: Food in Wort und Bild, Sigmarszell

© 2002 SAMMÜLLER KREATIV GMBH
Genehmigte Lizenzausgabe
EDITION XXL GmbH
Reichelsheim 2002

ISBN 3-89736-456-5